Die schönsten Frisuren Für Kids

Charlie Ksiazek

Inhaltsverzeichnis

Grundlagen

Basic Frisuren

Flechtfrisuren

liebe Kinder,
Eltern und motivierte Künstler

Für mich geht ein lang ersehnter Traum in Erfüllung.
Ich freue mich so sehr, dass ich nach meinem ersten Buch „Kinderleicht schminken“ ein weiteres Buch mit all den schönen Kinderfrisuren präsentieren darf.

Seit mehreren Jahren träume ich davon, ein Frisurenbuch zu kreieren, dass sowohl die Kleinsten unter euch als auch die Großen dazu inspiriert, neue Dinge auszuprobieren.
Von einfachen Frisuren bis hin zu extravaganteren Frisuren-vom selbsterstellen oder erstellen lassen- hier ist für jeden etwas dabei.

Für mich als Mami einer kleinen Tochter, weiß ich, dass es nichts Schöneres gibt, als ein Kind glücklich und vor Freude strahlen zu sehen.

Deshalb ist es für mich eine Herzensangelegenheit, mit diesem Buch ein Leuchten in all die Kinderaugen zu zaubern, wenn sie ihre neu kreierte und mit Liebe gestaltete Frisur im Spiegel bewundern dürfen.

Denn die Idee schöne, aber auch schnelle Frisuren für Euch zusammen zu stellen, die nicht nur funktional und alltagstauglich, sondern auch fantasievoll und kindgerecht sind - empfand ich als persönlichen Anliegen, um das tägliche Styling zu einem freudigen Erlebnis für die ganze Familie zu machen.

Viel Freude mit den folgenden Seiten
Liebst Eure Charlie ♥

Schwierigkeitsstufen

Grundlagen

Die Haarstruktur erkennen

Die Haarstruktur bestimmst du am besten, wenn das Haar trocken ist und natürlich fällt. Es sollten keine Stylingprodukte oder Hitze wie Föhn oder Lockenstab angewendet worden sein. Welche Haarstrukturen gibt es und wie erkennt man sie?

1 **Glattes Haar**

Glattes Haar fällt gerade nach unten und glänzt. Es gleitet leicht durch die Finger, wenn man es zwischen den Fingern rollt.

2 **Welliges Haar**

Welliges Haar fällt in leichten bis mittleren Wellen. Die Wellen können s- oder z-förmig, groß oder klein sein. Manchmal ist das Haar eher glatt an der Wurzel und die Wellen entwickeln sich erst an den Haarenden.

3 Lockiges Haar

Lockiges Haar bildet enge Spiralen oder Locken. Die Spiralen können unterschiedlich eng sein. Lockiges Haar neigt dazu, vor allem bei hoher Luftfeuchtigkeit krause oder frizzig zu werden.

4 Krauses Haar

Krauses Haar neigt sehr stark zum Kräuseln. Es kann dick und grob oder fein und dünn sein.

Die richtige Haarpflege

Jede Haarstruktur braucht eine bestimmte Pflege. Unabhängig von der Haarstruktur sollten die Pflegeprodukte auf die individuellen Bedürfnisse des Haares abgestimmt sein. Experimentiere mit verschiedenen Produkten, um herauszufinden, was am besten für dein Haar ist.

1 Glattes Haar

- Verwende feuchtigkeitsspendende Shampoos und Conditioner, um das Haar geschmeidig und glänzend zu halten.
- Vermeide schwere oder ölige Produkte, die das Haar beschweren.
- Verwende leichte Stylingprodukte, um das Haar zu glätten und Kräuseln zu vermeiden.
- Vermeide übermäßige Hitze beim Föhnen oder Stylen, um das Haar nicht zu schädigen, und verwende hierfür einen Hitzeschutz.

2 Welliges Haar pflegen

- Verwende feuchtigkeitsspendende Shampoos und Conditioner, damit die Wellen schön fallen.
- Bürste die Haare möglichst nicht, denn Bürsten kann dazu führen, dass das Haar sich kräuselt. Verwende stattdessen einen breiten Zahnkamm oder die Finger, um die Haare zu entwirren.
- Verwende lockenfördernde Stylingprodukte wie Mousse oder Stylingcremes, um die Wellen zu verstärken.
- Lass die Haare an der Luft trocknen oder verwende einen Föhn mit Diffusor. So bleiben die natürlichen Wellen schön erhalten.
- Wenn du welliges Haar eher glatt haben möchtest, verwende keine Produkte, die Locken fördern.

4 Krauses Haar pflegen

- Verwende feuchtigkeitsspendende Shampoos und Conditioner, die speziell für krauses Haar entwickelt wurden.
- Ein tiefenwirksames Pflegeprodukt oder eine Haarmaske stärkt die Haare und spendet ihnen zusätzlich Feuchtigkeit.
- Bürste die Haare möglichst nicht; denn Bürsten kann dazu führen, dass das Haar sich kräuselt. Verwende stattdessen einen Kamm mit groben Zinken oder die Finger, um die Haare zu entwirren.
- Verwende Stylingprodukte, die Feuchtigkeit spenden, um das Haar zu bändigen und die Locken zu definieren.

3 Lockiges Haar pflegen

- Verwende feuchtigkeitsspendende und sulfatfreie Shampoos und Conditioner.
- Entwirre die Haare mit einem breiten Zahnkamm oder den Fingern, wenn sie noch nass sind. So vermeidest du, dass die Haare brechen.
- Verwende Stylingcremes, -gele oder -sprays, die Locken fördern.
- Vermeide übermäßige Hitze beim Föhnen oder Stylen, um die Lockenstruktur nicht zu beschädigen.

Grundausstattung

Die Haare vorbereiten

1 Haare waschen
Wasche deine Haare mit einem Shampoo und einem Conditioner, die für deinen Haartyp geeignet sind.

2 Haare kämmen
Um sicherzustellen, dass deine Haare frei von Knoten und leicht kämmbar sind, kannst du eine Haarbürste oder einen Kamm verwenden. Kämme die Haare immer zuerst an den Spitzen und arbeite dich nach oben zum Haaransatz vor. Erst dann kannst du die Haare im Ganzen von oben nach unten glatt kämmen. Nach Möglichkeit nie nasses Haar kämmen; lieber vor dem Waschen und nach dem Trocknen.

3 Trocknen
Trage vor dem Trocknen mit dem Föhn einen Hitzeschutz auf die Haare auf. Die Haare sollten vollständig trocken sein, bevor du sie mit einem Hitzetool bearbeitest oder mit dem Kreieren einer Frisur beginnst.

4 Textur geben
Du kannst den Haaren mit einem Lockenstab oder Glätteisen leichte Wellen oder Locken hinzufügen.
So werden die Haare griffiger und bekommen mehr Struktur. Strukturgebende Produkte wie Salzspray oder Leave-in-Conditioner, die nicht ausgespült werden, können dabei hilfreich sein.

5 Volumen am Ansatz
Wenn du dünnes oder feines Haar hast und mehr Volumen am Ansatz möchtest, kannst du ein Volumenspray oder -puder verwenden.

Haare fixieren

1 Haargummis

Wähle hochwertige Haargummis, die die Haare gut zusammenhalten, aber nicht zu stark beanspruchen. Wenn du einen festen Halt möchtest, wähle Haargummis, die speziell für starken Halt geeignet sind, oder verwende zwei Haargummis.

2 Haarnadeln (Bobby Pins)

Mit Haarnadeln kannst du Zöpfe oder auch nur Teile von Frisuren sicher fixieren. Achte darauf, sie so unauffällig wie möglich zu platzieren.

3 Haarspray

Wenn die gewünschte Frisur fertig ist, kannst du sie mit Haarspray besprühen. So hält sie länger. Halte ca. 30 cm Abstand zu der Frisur ein, damit die Haare natürlich fixiert werden und nicht verklebt aussehen. Alternativ kannst du auch andere Stylingprodukte wie Trockenshampoo, Volumenpuder, Salzspray, Texturspray, Gel, Mousse oder Haarwachs verwenden, um deine Frisur in Form zu bringen.

Haaröl oder -spray
Hitzeschutz
Accessoires wie Schleifen...
...und Schmetterlinge
für den Wow-Effekt!
Stylingprodukte: Trockenshampoo
Volumenpuder, Salzspray,
Texturspray
Lockenstab und Glätteisen
Gel, Mousse,
Haarwachs

Stylingtechniken

Scheitel ziehen

1 Suche den Mittelpunkt deiner Stirn. Orientiere dich hierbei an der Mitte deiner Augenbrauen.
Setze den Kamm an der Stirnmitte an und ziehe ihn gerade nach hinten über den Scheitelpunkt deines Kopfes bis zum Nacken. Halte den Kamm dabei möglichst gerade, um eine präzise Linie zu erzielen.

2 Teile das Haar mit dem Kamm in zwei Hälften, indem du es nach links und rechts legst.

3 Du kannst auf diese Weise natürlich auch einen Seitenscheitel ziehen oder das Haar in Abteilungen aufteilen.

Locken machen

1 Teile das Haar in mehrere Abteilungen, um das Locken einfacher zu machen. Stecke die oberen Haare hoch und beginne mit den unteren Schichten.

2 Teile von der untersten Abteilung eine 2–3 cm breite Haarsträhne ab und wickle sie um den Lockenstab. Halte das Ende der Strähne fest, wenn der Lockenstab keinen Klemmbügel hat. Lass die Strähne 5–15 Sekunden lang auf dem Lockenstab – je nachdem, wie stark die Locken sein sollen. Löse die Strähne anschließend vorsichtig vom Lockenstab und halte sie kurz in der Hand, um sie abkühlen zu lassen. Wiederhole den Vorgang mit den restlichen Strähnen und arbeite dich dabei zum Oberkopf vor.

TIPP
Experimentiere mit der Richtung, in die du die Haare um den Lockenstab wickelst. So kannst du unterschiedliche Lockeneffekte erzielen.

Zopf aus drei Strängen flechten

1 Teile das Haar in drei gleich große Stränge.

2 Lege Strang 1 über Strang 2 …

3 … dann Strang 3 über Strang 1.

4 Anschließend wieder Strang 2 über Strang 1 usw.

5 So sollte es am Ende aussehen.

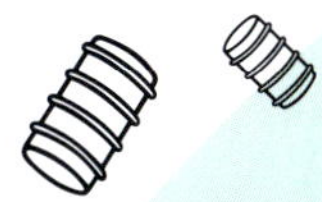

TIPP
Das Flechten erfordert anfangs etwas Übung. Sei geduldig, wenn es nicht auf Anhieb super klappt.

Pferdeschwanz

1 Bestimme zuerst die Position: Ein hoher Pferdeschwanz sitzt normalerweise am oberen Teil des Hinterkopfes, in der Nähe des Scheitels. Um einen straffen und hohen Pferdeschwanz zu bekommen, kannst du deinen Kopf nach vorne neigen und das Haar in dieser Position sammeln. So erreichst du leichter die gewünschte Höhe. Kämme die Haare mit einer Bürste noch einmal nach, damit sich keine Schlaufen bilden.

2 Binde die Haare mit einem Haargummi zusammen. Ziehe vorsichtig an einzelnen Strähnen, um den Pferdeschwanz etwas lockerer oder voluminöser zu machen, falls gewünscht.

Messy Bun

1 Binde die Haare mit einem Haargummi zu einem Pferdeschwanz zusammen, zieh den Zopf aber nicht ganz durch den Gummi, sodass eine Schlaufe entsteht.

2 Wickle den nicht ganz durchgezogenen Pferdeschwanz um den Gummi und ziehe an ein paar Strähnen. Fixiere den Bun mit einem weiteren Gummi oder stecke ihn mit Haarnadeln fest.

Basic Frisuren

Double-Buns

Zwei freche Space Buns mit viel Volumen

1 Bereite die Haare vor und ziehe einen Mittelscheitel.

2 Binde die Haare auf einer Seite mit einem Haargummi zu einem Pferdeschwanz zusammen. Ziehe den Pferdeschwanz so hoch oder niedrig, wie du möchtest. Wiederhole diesen Schritt auf der anderen Seite.

3 Teile jeden Pferdeschwanz in zwei Teile und verdrehe die beiden Teile jeweils miteinander, als würdest du eine Kordel drehen. Du kannst die Teile nach links oder nach rechts drehen. Mit der anderen Seite machst du es genauso.

4 Wickle die gedrehten Teile um die Basis des Pferdeschwanzes herum, um den Dutt zu formen. Du kannst die Haare dabei festhalten, damit der Dutt eng am Kopf liegt. Wiederhole diesen Schritt auf der anderen Seite.

5 Sichere den Dutt mit einem weiteren Haargummi und gegebenenfalls Haarnadeln, um ihn an der gewünschten Position zu halten.

6 Ziehe vorsichtig an den Seiten des Dutts, um ihm mehr Volumen zu verleihen und den gewünschten Look zu kreieren. Du kannst auch einige Haarnadeln verwenden, um lose Haarsträhnen zu fixieren. Fixiere die Frisur mit Haarspray und verschönere sie bei Bedarf mit Haarschmuck.

Diese Frisur ist vielseitig, schnell und einfach zu machen und kann je nach Anlass und persönlichem Stil angepasst werden.

Bubble Braids

Die Trendfrisur - ideal für lange Haare

20 min

Schau ins Video!

2

1 Teile an der Haarlinie einen dünnen Strang ab und binde ihn mit einem Gummi zusammen. Ziehe diesen so hoch oder niedrig, wie du möchtest, er bestimmt die Höhe deines finalen Bubble Braids.

2 Nimm von rechts und links mehr Haare dazu und binde sie mit einem Haargummi in der Mitte mit dem Zopf aus Schritt 1 zusammen.

3 Fahre so fort, bis du am Kopfende angekommen bist. Unterteile dann die restlichen Haare des Pferdeschwanzes weiter mit Haargummis als Grundlage für die Bubbles.

4 Ziehe vorsichtig an den Haaren zwischen den Haargummis, um Volumen zu erzeugen und so den gewünschten Bubble-Effekt zu erzielen. Achte darauf, dass die Bubbles gleichmäßig und symmetrisch aussehen

5 Wenn du alle Blasen erstellt hast, bindest du die Haare am Ende mit einem Haargummi zusammen. Du kannst die Frisur auch mit Haarnadeln oder Haarklammern gestalten.

6 Zum Schluss kannst du die Bubble Braids mit leichtem Haarspray fixieren, wenn die Frisur den ganzen Tag halten soll. Mit einer leichten Haarcreme lassen sich sogenannte Babyhärchen in die Frisur integrieren.

Das war's! Du hast jetzt Bubble Braids, eine verspielte und trendige Frisur.

TIPP
Experimentiere mit bunten Gummis oder anderen Accessoires, um den Look deinem persönlichen Stil anzupassen.

Pompon-Look

Knallige Sommerfrisur mit bunten Bommeln

1 Ziehe einen Mittelscheitel von der Stirn bis hinunter in den Nacken.

2 Teile jede Seite gedacht in gleich große, ca. 2 cm breite Abteilungen; sie sollten vom Ohr aus strahlenförmig verlaufen. Teile die Haare der ersten Abteilung vorn am Scheitel beginnend bis nach unten zum Ohr ab und fixiere die Haare mit einem Haargummi. Tolle Effekte erzielst du, wenn du Haargummis mit bunten Pompons verwendest.

3 Teile die Haare der zweiten Abteilung ab und fasse sie mit dem Zopf aus der ersten Abteilung zusammen. Binde die Haare mit dem zweiten Haargummi zusammen.

4 Teile die Haare der dritten Abteilung ab und fasse sie mit dem Zopf aus der zweiten Abteilung zusammen. Binde auch dort die Haare mit einem Haargummi zusammen. Achte darauf, dass du die Abteilungen gleich stark machst und alle im gleichen Winkel arbeitest.

5 Arbeite auf diese Weise den ganzen Zopf bis in den Nacken. Wiederhole die Schritte auf der anderen Seite.

6 Wenn du alle Haargummis gesetzt hast, lässt du das Zopfende nach dem letzten Gummi einfach hängen.

7 Alternativ kannst du mit einem Lockenstab Wellen in die Haare drehen. Oder du setzt im Bubble-Braid-Style (siehe S. 25) mehr Pompon-Gummis bis nach unten.

Wasserfallzopf

Romantisch & lässig – perfekt für glattes Haar

10 min

Schau ins Video!

3

1 Teile eine kleine Strähne an der Haarlinie ab. Damit beginnst du den Wasserfallzopf. Teile die Strähne in drei gleich große Stränge.

2 Nun fängst du an zu flechten, indem du die Stränge überkreuzt, wie bei der Flechttechnik zu Beginn eines normalen Zopfes. Lege zuerst die rechte Strähne über die mittlere Strähne und anschließend die linke Strähne über die mittlere Strähne.

3 Nun lässt du die untere Strähne (normalerweise die rechte) einfach fallen und greifst stattdessen eine neue Strähne von der Kopfseite. Verbinde diese Strähne mit der mittleren Strähne.

4 Wiederhole Schritt 2 und 3 auf der anderen Seite. Kreuze eine Strähne über die mittlere und lass sie fallen. Nimm eine neue Strähne von der Kopfseite und füge sie mit der mittleren Strähne zusammen. Halte die Zöpfe locker, damit der Wasserfall-Effekt schön zur Geltung kommt.

5 Flechte weiter bis zum Hinterkopf und binde das Zopfende mit einem Haargummi zusammen. Ziehe vorsichtig an den Seiten des Zopfes, um ihm mehr Fülle zu verleihen.

6 Arbeite den Wasserfallzopf auf der anderen Kopfseite und verbinde beide Zöpfe zum Schluss mit einem Haargummi. Du kannst natürlich auch eine Schleife oder ein anderes Accessoire einsetzen.

Der Wasserfallzopf funktioniert am besten mit leicht welligem oder glattem Haar.

Gummitwist

Verschlungene Minizöpfchen mit bunten Haargummis

10 min

Schau ins Video!

3

1 Ziehe einen Mittelscheitel und stecke die Haare auf einer Seite des Kopfs weg.

2 Teile mithilfe eines Stielkamms oder deiner Finger eine ca. 2 cm breite Strähne senkrecht vom Scheitel nach unten ab.

3 Achte darauf, dass die Partie, die du bearbeitest, glatt und gut gekämmt ist. Setze einen kleinen Gummi eng am Haaransatz an. Die unteren Haare kannst du mit einer Klammer zur Seite klemmen.

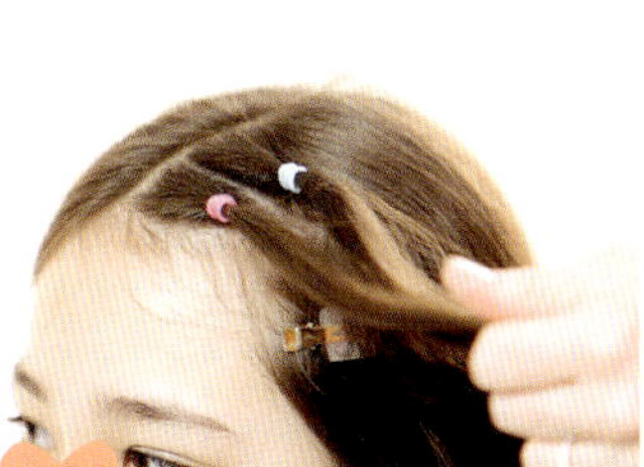

4 Teile neben dem Zopf erneut eine ca. 2 cm breite Strähne ab. Binde die Haare eng am Haaransatz mit einem Gummi zusammen.

5 Führe den ersten Zopf unter dem zweiten Zopf durch und fasse die Haare mit dem dritten Zopf zusammen. Setze wieder wie in Schritt 3 einen Haargummi eng am Haaransatz an.

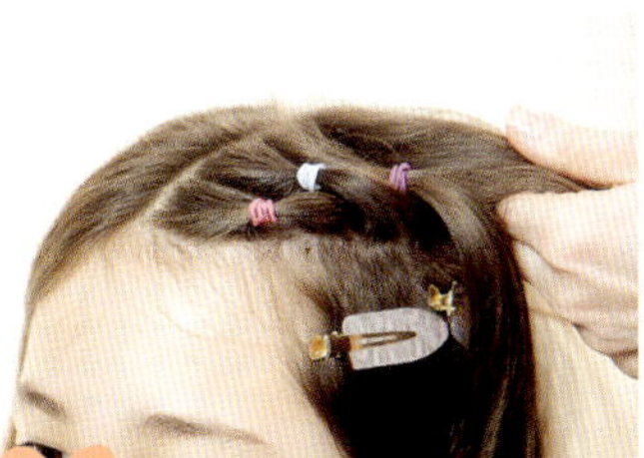

6 Führe den zweiten Zopf unter dem dritten Zopf durch und integriere die Haare in den vierten Zopf. Wiederhole dort Schritt 3.

7 Fahre mit dieser Technik fort, bis du im Nacken alle Haare verarbeitet hast.

8 Ziehe nun vorsichtig die untere Strähne jeweils etwas auseinander, damit mehr Fülle entsteht. Wiederhole Schritt 3–8 auf der anderen Kopfseite und setze den letzten Haargummi jeweils so, dass sich zwei schöne Zöpfe ergeben.

TIPP
Die Zöpfe kannst du mit dem Lockenstab eindrehen oder glatt lassen.

Flechtfrisuren

Fischgrätenzopf

Raffinierter Fischgrätenzopf

1 Kämme alle Haare gründlich durch und binde sie im Nacken mit einem Gummi zum Pferdeschwanz zusammen.

2 Teile die Haare oberhalb des Gummis mittig mit dem Finger ...

3 ... und ziehe den ganzen Zopf von oben nach unten durch.

4 Teile das Haar in zwei gleich große Stränge.

5 Nimm eine dünne Strähne vom äußeren rechten Strang und führe sie über den rechten Strang in die Mitte. Nimm eine dünne Strähne vom äußeren linken Strang und führe sie über den linken Strang in die Mitte.

6 Wiederhole Schritt 5 im Wechsel. Nimm dabei immer gleich dicke Stränge von außen und führe sie über den jeweiligen Strang in die Mitte. Arbeite dich so bis zum Ende des Zopfes vor.

7 Sichere das Ende des Zopfs mit einem Haargummi oder einer hübschen Haarspange.

8 Ziehe vorsichtig an den Seiten des Zopfes, um ihm mehr Fülle zu verleihen und einen lockeren Look zu erzeugen.

Perfekt für Sport und Beach

Boxer Braids halten die Haare zusammen

1 Kämme die Haare gründlich; sie sollten frei von Knoten sein. Ziehe einen Mittelscheitel von der Stirn bis in den Nacken.

2 Beginne auf einer Seite. Teile vorn am Kopf drei gleich große Stränge ab. Sie bilden die Grundlage für den geflochtenen Zopf.

3 Beginne mit dem Flechten; lege dazu zunächst den rechten Strang unter den mittleren Strang, anschließend den linken Strang unter den neuen mittleren Strang. Du hast den Anfang eines Holländischen Zopfs geflochten.

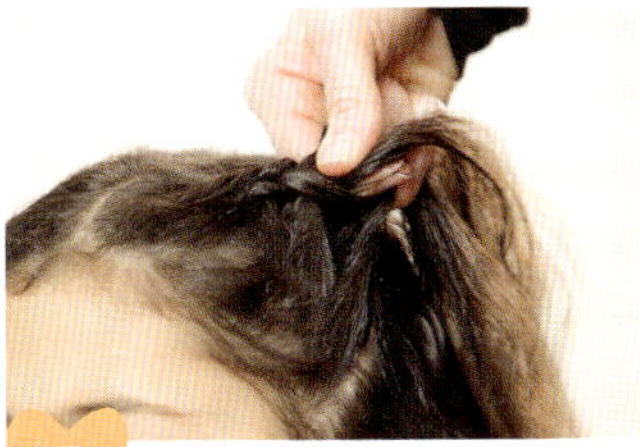

4 Flechte wie in Schritt 3 beschrieben weiter und füge bei jedem Schritt kleine Strähnen von links und rechts des Zopfs zu dem Strang hinzu, den du gerade unter den mittleren Strang gelegt hast. Zieh die Stränge eng zusammen, damit der Zopf dicht am Kopf anliegt.

5 Flechte den Zopf bis zum Nacken. Achte darauf, dass der Zopf weiterhin dicht am Kopf anliegt.

6 Flechte die restlichen Stränge im holländischen Zopfmuster zu Ende. Binde den Zopf mit einem Haargummi zusammen. Wiederhole die Schritte auf der anderen Seite des Kopfs für den zweiten Boxer Braid.

Die geflochtenen Boxer Braids liegen eng am Kopf an.

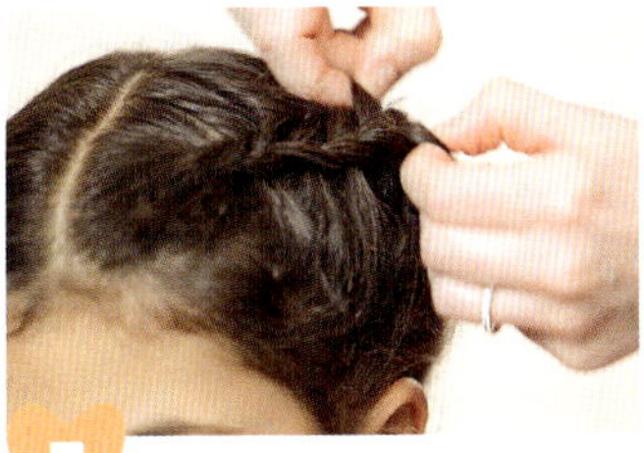

7 Ziehe vorsichtig an den Seiten der Zöpfe, um ihnen mehr Fülle zu verleihen und einen lockeren, lässigen Look zu erzeugen.

4 gewinnt!

Dutch Braid – Flechten mit vier Strängen

15 min

Schau ins Video!

3

1 Kämme die Haare nach hinten oder leicht nach hinten und zu einer Seite. Teile die Haare in vier gleich große Stränge. Nummeriere die Stränge von 1 bis 4, angefangen an der Kontur (Haaransatz). Halte die Stränge mit den Fingern auseinander.

2 Flechte einen Vier-Strang-Zopf: Lege dazu zuerst Strang 1 unter Strang 2 …

3 … über Strang 3 …

4 … und unter Strang 4.

5 So sollte es jetzt aussehen.

6 Nimm eine Haarsträhne von rechts zu Strang 1 hinzu und flechte nach demselben Schema weiter: Strang 1 unter Strang 2 …

7 … über Strang 3 …

8 … und unter Strang 4.

9 Füge eine Haarsträhne von der linken Seite zu Strang 3 hinzu, jedoch unter Strang 4 hindurch, …

10 … und füge beide Strähnen zusammen.

11 Genauso machst du auf der rechten Seite weiter: Füge eine Haarsträhne zu Strang 1 hinzu, lege sie unter Strähne 2, dann über Strähne 3 und unter Strähne 4. Fahre auf diese Weise fort, bis du alle Haare verarbeitet hast.

12 Flechte die restlichen Haare im Nacken mit derselben Vier-Strang-Flechttechnik weiter bis in die Spitzen. Führe dazu Strang 1 unter Strang 2 und über Strang 3. Anschließend Strang 4 über Strang 3. Fixiere die Haare zum Schluss mit einem Haargummi.

Ein holländischer Zopf oder Dutch Braid ist eine Flechtfrisur, bei der die Stränge abwechselnd untereinander geflochten werden anstatt gekreuzt.

Halbe Boxer Braids

mit hübscher Schleife

10 min

Schau ins Video!

2

1 Ziehe einen Scheitel bis zur Mitte des Hinterkopfs.

2 Teile auf einer Kopfseite vorn drei gleich starke Strähnen ab und flechte einen Holländischen Zopf (Dutch Braid). Dabei führst du Strang 1 unter Strang 2 zur Mitte …

3 … und Strang 3 unter Strang 2 zur Mitte.

4 Flechte in dieser Technik weiter bis zur Hutlinie und füge dem jeweiligen Strang bei jedem Schritt neue Haare hinzu. Die Hutlinie ist die gedachte waagerechte Linie von Ohr zu Ohr. Flechte den Zopf so eng wie möglich am Kopf und binde das Ende mit einem Haargummi zusammen. Flechte den Zopf auf der anderen Kopfhälfte genauso und achte darauf, dass beide Zöpfe möglichst im gleichen Winkel über den Kopf verlaufen.

5 Ziehe die Zöpfe nun vorsichtig an den Seiten leicht auseinander, um ihnen mehr Volumen zu verleihen und einen lockeren, lässigen Look zu erzeugen.

6 Verbinde anschließend beide Zöpfe mit einem Haargummi …

7 … und setze eine schöne Schleife darüber.

Swifty Hair

Seitliche Minizöpfe für den coolen Auftritt

1 Kämme die Haare gründlich nach hinten. Ziehe einen Mittelscheitel und stecke die Haare auf einer Seite mit Klammern weg.

2 Beginne auf der anderen Kopfhälfte und ziehe dort mithilfe eines Stielkamms eine Abteilung Haare am Oberkopf parallel zum gezogenen Mittelscheitel bis zu der Stelle, an der du den Pferdeschwanz platzieren möchtest. Stecke diesen Teil zunächst einmal mit Klammern zur Seite.

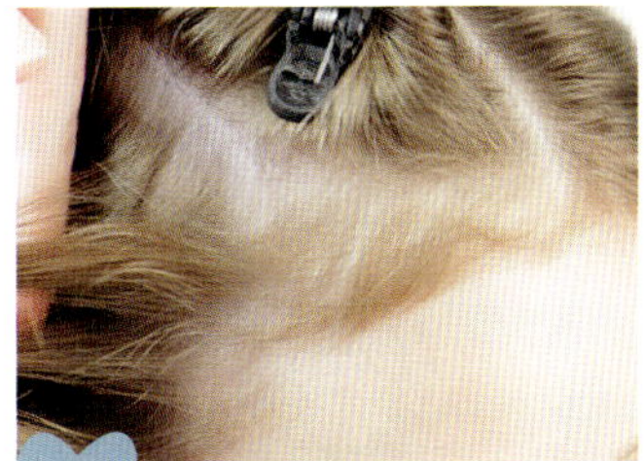

3 In dem Teil darunter fängst du zwei Finger breit von der Haarlinie entfernt an, einen Holländischen Zopf zu flechten. Teile dazu die Haare in drei Stränge …

4 … und lege Strang 1 unter Strang 2.

5 Anschließend legst du Strang 3 unter Strang 1, dann wieder Strang 2 unter Strang 3. Füge gleich nach dem ersten Flechtdurchgang feine Haarsträhnen in die Stränge ein.

6 So sollte es jetzt aussehen.

7 Flechte den Zopf weiter bis zu der Stelle, wo der Pferdeschwanz anfangen soll.

8 Flechte die Haare im Pferdeschwanz und binde das Ende mit einem Gummi zusammen.

9 Kämme nun die Haare, die du weggesteckt hast, nach hinten ...

10 ... und binde sie zum Pferdeschwanz.

11 Füge den geflochtenen Zopf in den Haargummi mit ein. Du kannst hierfür auch einen neuen Haargummi verwenden.

12 Wiederhole Schritt 2–11 auf der anderen Kopfseite.

WOW-Frisuren

Ganz ohne Flechten

Einseitiger Pull-through-Zopf für einen lässigen Style

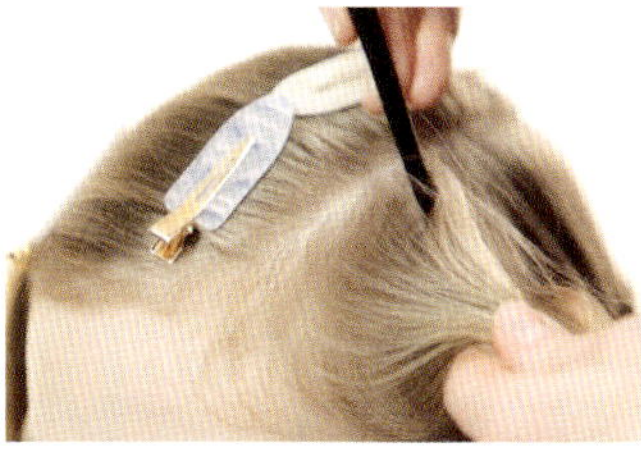

1 Kämme die Haare gründlich nach hinten.

2 Lege fest, wie hoch und wie breit der Bereich sein soll, in dem du den Pull-through-Zopf arbeiten möchtest. Es sollte nicht mehr als eine Handbreit sein. Teile den Bereich mit einem Stielkamm in mehrere Abteilungen und klemme die Haare über und unter dem Zopfbereich weg.

3 Teile die Haare am Haaransatz vorn ca. 2 cm breit ab und befestige einen farbigen kleinen Haargummi eng am Haaransatz.

4 Teile die zweite 2 cm breite Abteilung Haare ab und befestige daran den zweiten Haargummi.

5 Halbiere den ersten Zopf, …

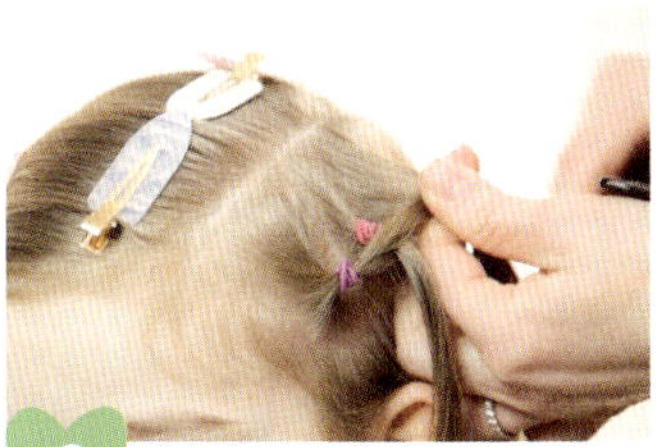

6 … lege die beiden Haarsträhnen jeweils über und unter den zweiten Zopf und fixiere sie mit einem Haargummi. Du kannst den Zopf, den du gerade nicht bearbeitest, nach hinten klemmen.

7 Nimm die nach hinten geklemmten Haare, teile sie und binde sie unter dem nächsten Zopf …

8 ... wieder mit einem Haargummi zusammen.

9 Arbeite mit dieser Technik weiter, bis dein Zopf die gewünschte Länge hat.

10 Ziehe vorsichtig an den Strähnen, um den Zopf etwas aufzulockern und ihm mehr Volumen zu geben.

11 Kämme alle Haare, die du am Anfang weggesteckt hast, nach hinten und binde sie zusammen mit dem Ende des geflochtenen Zopfs zu einem hohen Pferdeschwanz zusammen.

12 Teile eine dünne Strähne vom Pferdeschwanz ab.

13 Umwickle mit der Strähne das Haargummi.

14 Stecke das Ende mit einer Haarnadel fest.

COOL

Pinke Schleifen

Double Bun im Boxer-Braid-Style

10-15 min

Schau ins Video!

2

1 Ziehe einen Scheitel bis zur Mitte des Hinterkopfs.

2 Teile auf einer Kopfseite vorn drei gleich starke Haarstränge ab und flechte einen Holländischen Zopf (Dutch Braid). Ich beginne rechts. Führe Strang 1 unter Strang 2 zur Mitte und Strang 3 unter Strang 2 zur Mitte.

3 Flechte in dieser Technik bis zur oberen Kopfmitte weiter und füge dabei jedem Strang neue Haare hinzu. Flechte den Zopf so eng wie möglich am Kopf.

4 Wenn du alle Haare verarbeitet hast, bindest du auf der gewünschten Höhe den Zopf mit einem Haargummi zusammen. Flechte den Zopf und binde ihn unten mit einem Haargummi zusammen.

5 Wickle den geflochtenen Zopf so um den Haargummi, dass ein gleichmäßiger Bun entsteht.

6 Stecke den Bun mit Haarnadeln fest

7 Wiederhole Schritt 2–6 auf der anderen Kopfseite.

8 Stecke jeweils eine schöne Schleife an die geflochtenen Double Buns.

Volumen-Booster

Pull-through-Zopf bringt Fülle ins Haar

1 Teile für den ersten Zopf auf dem Oberkopf eine Abteilung Haare ab und binde sie mit einem Haargummi zusammen. Klemme die Haare mit einer Klammer nach oben, damit sie nicht stören.

2 Für den zweiten Zopf teilst du links und rechts unter der ersten Abteilung jeweils eine weitere, genauso große Abteilung Haare ab und bindest sie hinten mit einem Haargummi zusammen.

3 Teile den ersten Zopf in zwei gleich große Stränge. Lege die beiden Stränge unter den zweiten Zopf und binde sie wieder mit einem Haargummi zusammen. Klemme den zweiten Zopf mit einer Klammer nach oben, damit er nicht stört.

4 Jetzt geht's mit dem nach oben geklemmten Zopf weiter.

5 Teile den Zopf in zwei gleich große Stränge, nimm einige Haare von links und rechts dazu, ...

6 … lege die beiden Stränge unter den nächsten Zopf …

7 … und binde sie mit einem Gummi zusammen.

8 Arbeite in dieser Technik weiter, bis du alle Haare verarbeitet hast.

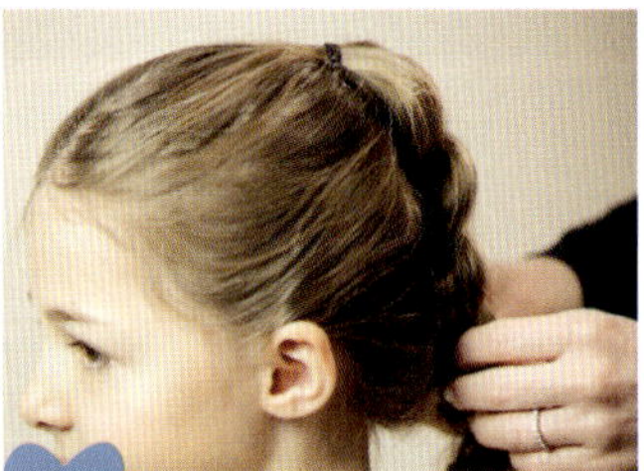

9 Binde einen Haargummi ans Zopfende und ziehe vorsichtig die Schlaufen des Zopfes auseinander, damit der Zopf mehr Fülle erhält.

Mermaid Braid

Minizöpfe mit bunten Perlenclips und Schmetterling

5–10 min

Schau ins Video!

1

1 Kämme die Haare gründlich nach hinten.

2 Ziehe mit dem Stielkamm eine Linie über den Oberkopf von Ohr zu Ohr. Bis hierhin kannst du die einzelnen Zöpfe ziehen. Klemme die Haare am Hinterkopf weg, damit sie nicht stören.

3 Beginne an einem Ohr und ziehe eine waagerechte Linie mit dem Stielkamm oder mit den Fingern. Nimm die Haare zusammen. Streiche die Haare glatt nach hinten; achte darauf, dass es nicht ziept.

4 Setze den Haargummi ganz dicht an die Kopfhaut. Am besten eignen sich hierfür dünne, durchsichtige Gummis.

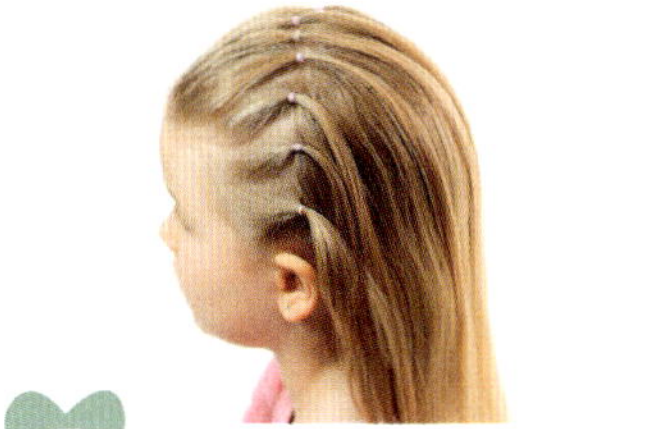

5 Binde auf diese Weise kleine Zöpfe parallel dazu über den Kopf bis zum anderen Ohr.

6 Führe alle Strähnen hinten in der Mitte zusammen und binde sie mit einem Haargummi fest.

7 Setze Clips über die Haargummis.

8 Befestige zum Schluss über dem Gummi hinten einen Schmetterling.

Lucky Looping

Mit dem Hair Loop zum Traumzopf

5-10 min

Schau ins Video!

1

1 Ziehe einen Mittelscheitel von der Stirn bis in den Nacken. Stecke die Haare auf einer Seite mit einer Klammer weg.

2 Beginne auf der anderen Seite. Teile am Oberkopf vorn etwa ein Drittel der Haare ab. Binde die Haare mit einem Haargummi zusammen.

3 Teile oberhalb die Haare des Haargummis (in Richtung Kopfhaut) in der Mitte und ziehe mithilfe eines Hair Loops oder mit den Händen den Zopf von oben nach unten durch.

TIPP
Du kannst den Look verfeinern, indem du mit dem Lockenstab in die unteren Zöpfe Locken eindrehst.

4 Teile das zweite Drittel Haare ab, nimm die Haare zusammen und füge die Haare des ersten Zopfs hinzu. Binde die Haare mit einem Haargummi zusammen. Teile den Zopf wieder oberhalb des Gummis und zieh den Zopf von oben nach unten durch.

5 Teile das dritte Drittel Haare ab, nimm die Haare zusammen und füge die Haare des zweiten Zopfs hinzu.

6 Binde die Haare mit einem Haargummi zusammen.

7 Teile den Zopf wieder oberhalb des Gummis ...

8 ... und zieh den Zopf von oben nach unten durch. Wiederhole Schritt 2–8 auf der anderen Seite des Kopfs.

Boys' Cuts

Kurzhaarfrisuren für Jungs

5-10 min

Schau ins Video!

1

Am besten lassen sich die Haare bei einem frischen Schnitt stylen. Wähle einen Haarschnitt, der zu deiner Gesichtsform und deinem persönlichen Stil passt.

- Beim **Buzz Cut** wird das Haar bis auf ein paar Zentimeter rundherum kurz rasiert.
- Beim **Undercut** wird das Haar an den Seiten und am Hinterkopf kurz rasiert und bleibt am Oberkopf länger.
- Beim **Pompadour-Schnitt** bleiben die Haare am Oberkopf mehrere Zentimeter lang und werden zurückgekämmt. Die Haare an den Seiten werden auf 1 cm Länge rasiert. Der Übergang zu den Haaren am Oberkopf ist fließend.

Tipp
Für kurze Haare eignen sich Haarwachs, Haargel oder Pomade. Die Menge hängt von der Textur und Dicke deiner Haare ab.

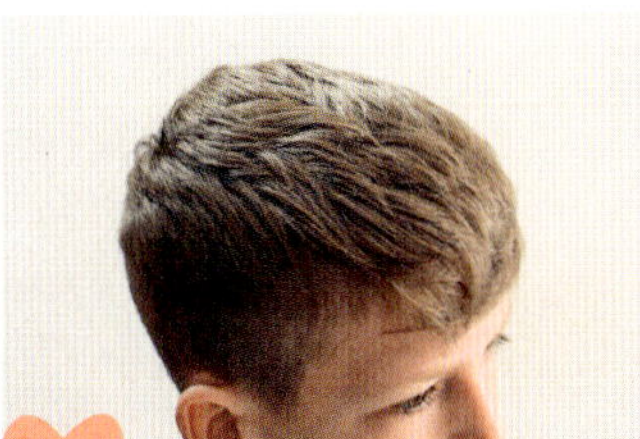

1 Wasche die Haare mit mildem Shampoo und passendem Conditioner. Wähle Produkte, die zu deinem Haartyp passen.

2 Du kannst Texturspray ins feuchte Haar geben, damit die Frisur später besser hält.

3 Föhne die Haare auf niedriger bis mittlerer Stufe, um sie in die gewünschte Position zu bringen.

4 Das Formen kannst du mit deinen Fingern oder einer Bürste unterstützen.

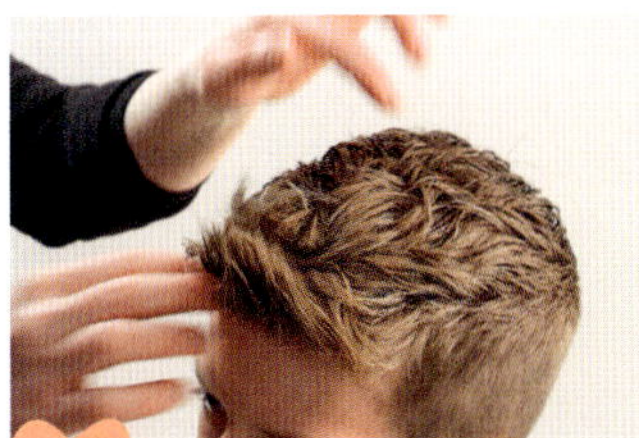

5 Nun geht's ans Stylen. Wärme etwas Wachs in deiner Hand an und verteile es ein wenig. Arbeite das Wachs anschließend mit den Fingerspitzen ins vorgeformte Haar.

6 Zum Schluss kannst du Volumenpuder oder Haarspray verwenden, je nach dem, wie füllig deine Frisur sein soll. Auch Salzspray kannst du je nach Look einsetzen.

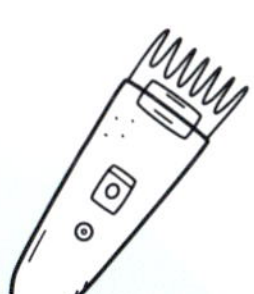

Boys' Cuts

Langhaarfrisuren für Jungs

1 Wasche die Haare mit mildem oder feuchtigkeitsspendendem Shampoo. Ein Conditioner oder eine Pflege, die im Haar bleibt und nicht ausgewaschen wird (Leave-in), erleichtert das Kämmen. Kämme immer zuerst die Spitzen und arbeite dich dann zum Oberkopf vor.

2 Tupfe deine Haare nur mit dem Handtuch ab. Auf keinen Fall rubbeln. Du kannst sie auch an der Luft trocknen lassen oder auf mittlerer Stufe föhnen.

3 Mit Salzspray, Haarwachs oder Gel kannst du den Haaren eine Struktur geben. Haarwachs und Gel geben mehr Halt, Salzspray etwas weniger.

4 Willst du die **Haare offen tragen**, kannst du Texturspray oder Salzspray auf das Haar sprühen. Knete die Haare anschließend mit den Fingern durch.

5 Wenn du deine Haare zum **Pferdeschwanz** zusammenbinden möchtest, gib für mehr Struktur etwas Haaröl in die Spitzen. Kürzere Haare am Ansatz kannst du mit Wachs oder Stylingcreme fixieren.

6 Für einen **lässigen Style** zieh den Zopf nicht ganz durch und lass ihn als Schlaufe hängen.

7 Für einen superlässigen **Top Knot** bindest du die Haare auf dem Oberkopf zum Dutt zusammen. Fixiere den Dutt mit Haarspray.

8 Für den **Half Bun** die Haare am Oberkopf zusammennehmen und wie bei dem lässigen Style den Zopf nicht ganz durch das Gummi ziehen.

Die restlichen Haare hängen lassen. Feine Haare an der Stirn können noch mit Wachsspray fixiert werden.

Buchempfehlungen für Dich

Noch mehr kreative Bücher zum gleichen Thema gesucht?
Weitere Bücher findest Du auf www.TOPP-kreativ.de

ISBN 978-3-7358-9137-2

ISBN 978-3-7358-9136-5

ISBN 978-3-7358-8140-3

ISBN 978-3-7358-9114-3

ISBN 978-3-7358-9167-9

ISBN 978-3-7358-9168-6

Autorin

Charlie Ksiazek, geboren am 25.10.1985 in Stuttgart, ist eine international anerkannte Künstlerin mit einem besonderen Talent für Maskenbild, Make-Up und Frisuren. Seit 2007 ist sie freischaffend als Hairstylist & Make-Up Artistin tätig und hat sich auch als Friseurmeisterin einen Namen gemacht. Ihre kreative Arbeit umfasst die Kreation aktueller Trends und Looks, die regelmäßig bei großen Produktionen in Fotografie, Film, Fernsehen und Werbung gefragt sind. Dabei arbeitet sie oft mit prominenten Persönlichkeiten und Sportlern zusammen.

Als liebevolle Mutter bringt Charlie eine besondere Perspektive und viel Herz in ihre Arbeit ein. Diese einzigartige Mischung aus Professionalität und Einfühlungsvermögen spiegelt sich auch in ihren Kinderbüchern wider, die praktische Anleitungen bieten und durch ihre sympathische und versierte Herangehensweise bestechen.

Für weitere Informationen über Charlie Ksiazek und ihre Arbeit besuchen Sie sie auf Facebook (www.facebook.com/Charlie-Make-up-Artist-Hair-Stylist) oder Instagram (www.instagram.com/charlieksiazek).

Impressum

Fotos: lichtpunkt, Michael Ruder, Stuttgart
Produktmanagement: Mirjam Buchwald, Julia Pietsch
Cover: Lena Sofie Schmitt
Layout & Herstellung: Sophia Höpfner
Lektorat: Christine Schlitt
Satz: Werbeagentur Rypka GmbH, Dobl/Graz, Isabella Deutscher
Druck und Bindung: DZS Grafik, Slowenien

MIX
Papier | Fördert gute Waldnutzung
FSC® C106600

Penguin Random House Verlagsgruppe
FSC® N001967

1. Auflage 2024

ISBN: 978-3-7358-9138-9 • Best.-Nr. 29138

Service-Hotline

Hast du Fragen oder gibt es ein Problem? Wir helfen dir gern. Ruf uns an oder schreib uns eine E-Mail:
Telefon: 0711 / 123 757 20*
E-Mail: hilfe@frechverlag.de
Weitere Informationen zum Verlag und zu unserem gesamten Programm findest du unter:

www.topp-kreativ.de

*normale Telefongebühren

Die DigiBib

Alle Updates für dich

https://www.topp-kreativ.de/digibib

Hier findest du alle aktuellen Infos zu deinem Produkt, außerdem Extras, Videos, Vorlagen und mehr!

Freischaltcode: 59510